천성을 향해 나아가는
모든 순례자분께
이 책을 바칩니다.

_____ 에게

_____ 드림

민 화 로 읽 는
천로역정
③

만화로 읽는
천로역정 3

© 생명의말씀사 2019

2019년 2월 25일 1판 1쇄 발행
2024년 5월 16일 13쇄 발행

펴낸이 | 김창영
펴낸곳 | 생명의말씀사

등록 | 1962. 1. 10. No.300-1962-1
주소 | 서울시 종로구 경희궁1길 6 (03176)
전화 | 02)738-6555(본사) · 02)3159-7979(영업)
팩스 | 02)739-3824(본사) · 080-022-8585(영업)

원작 | 존 번연
글 · 그림 | 최철규

기획편집 | 정설아
디자인 | 김혜진
인쇄 | 영진문원
제본 | 보경문화사

ISBN 978-89-04-16659-6 (04230)
ISBN 978-89-04-70052-3 (세트)

저작권자의 허락 없이 이 책의 일부 또는 전체를
무단 복제, 전재, 발췌하면 저작권법에 의해 처벌을 받습니다.

THE PILGRIM'S PROGRESS

만 화 로 읽 는
천로역정 ③

추천의 글

『천로역정』은 기독교 최고의 고전입니다. 저는 고전을 누구나 다 알지만 아무도 읽지 않는 책이라고 말합니다. 더러는 용기 있게 시도하지만 끝까지 완독이 쉽지 않습니다. 그 이유의 하나는 시대적 간극이 있기 때문입니다. 고전을 완독하는 비밀은 만화로 읽는 것입니다. 과거에 만화는 아이들을 위한 것이었지만, 지금은 어른들도 만화를 읽는 시대가 되었습니다. 다양한 만화를 그리던 최철규 님의 헌신으로 이 책이 태어났습니다. 저는 온 가족이 함께 이 책을 돌려 읽고 믿음을 토론하는 꿈을 꾸어 봅니다. 사실 『천로역정』 제2부는 온 가족이 함께 천국에 도달하는 이야기입니다. 성경 다음으로 많이 읽히고, 성경 다음으로 수많은 구도자를 진정한 그리스도인이 되게 한 이 책의 은혜를 만화로 함께 누리기를 기도합니다. 그리고 천로역정 순례 길도 함께 걸을 수 있기를 기대해 봅니다.

_ 이동원 목사 (지구촌교회 원로목사, 가평 필그림 천로역정 순례 길 섬김이)

『천로역정』이 기독교 고전 중에서도 최고임을 부정하는 사람은 없을 것입니다. 이런 명작이 기독교 만화가로서 오랜 실력과 경력을 쌓은 귀한 작가의 손을 거쳐 만화 형식의 책으로 출간된 것이 얼마나 기쁜 일인지 모릅니다. 최철규 작가님은 인생의 지난 세월 동안 많은 고난과 방황을 경험했습니다. 이러한 아픔과 상처가 하나님 안에서 회복된 경험과 그의 깊은 영성이 『만화로 읽는 천로역정』에 고스란히 반영되어, 원작의 느낌이 생생하게 살아 있습니다. 오늘날 10세 전후의 세대는 문자(텍스트)가 아닌 그림(이미지, 영상)을 통해 정보를 습득하고 활용한다고 합니다. 이와 같은 시대에 이 책은 자라나는 다음 세대 자녀들에게 기독교 고전의 진수를 전달하는 하나의 카테고리로 귀하게 쓰임 받을 것이기에, 기쁜 마음으로 추천합니다.

_ 이인호 목사 (더사랑의교회 담임목사)

2015년 최철규 작가를 만났습니다. 자신의 삶을 진실하게 나누는 작가님을 보며, 언젠가 이분의 작품을 꼭 보겠다고 생각했습니다. 몇 년 후에 만난 『만화로 읽는 천로역정』. 첫 페이지를 넘긴 순간 "역시"를 외쳤습니다. 원작에 충실하면서도, 오늘날 사람들이 이해하기 쉽도록 작은 곳까지 고민한 흔적이 보였기 때문입니다. 무엇보다 저는 이 책에서 작가의 고백을 봅니다. 삶의 무게로 힘들 때 예수님을 만나고, 넘어져도 다시 일어서는 주인공 크리스천을 통해서, 작가는 자신의 삶을 일으키신 예수님을 고백합니다. 그런 점에서 이 책은 고전의 단순한 리메이크가 아니라, 지금도 진행 중인 한 인생, 아니 모든 인생에 대한 고백이라고 생각합니다. 누구라도 이 책을 볼 때, 자신의 삶을 돌아보고 고백하며 복음을 만나기를 간절히 소망합니다.

_ 김학중 목사 (꿈의교회 담임목사, CBS 「새롭게 하소서」 진행자)

THE PILGRIM'S PROGRESS

6년 전 가편집된 원고를 들고 찾아온 저자가 마침내 완성된 원고를 보여 주었습니다. 원고를 본 순간 오랜 산고 끝에 만들어졌다는 것을 첫 장부터 느낄 수 있었습니다. 모든 장면 장면에 작가의 혼을 담아 그 어떤 것 하나도 놓치지 않기 위해 심혈을 기울인 제자에게 '진정한 작가'라는 말로 찬사를 보냅니다. 뛰어난 작품성에도 갈채를 보냅니다. 극화 그림의 성격상 여러 명이 팀을 이루어 작업하는 것이 보편적인 방식인데, 만화의 모든 공정을 혼자서 인내하며 그려 냈습니다. 이 작품이 모든 독자에게 귀하게 평가되기를 기대합니다.

_ 이현세 만화가 (세종대학교 만화애니메이션학과 교수)

기독교 고전 『천로역정』을 놀랍도록 생동감 있는 만화로 풀어냈다는 점에서 감탄을 자아냅니다. 또한 원작의 내용을 충실히 전달하기 위해 열정을 다한 저자의 노력이 곳곳에서 느껴집니다. 이 책은 누구나 쉽게 『천로역정』의 내용을 이해하도록 돕고, 복음의 진리와 성경의 중요한 교리들을 바르게 깨닫도록 안내합니다. 이 책을 통해 많은 독자가 『천로역정』의 감동을 생생하게 느끼고, 주인공 크리스천이 그러했듯 진정한 구원의 은혜 가운데 하늘나라를 간절히 소망하며 순례의 길을 나아가기를 소망합니다.

_ 최선규 아나운서 (CTS 「내가 매일 기쁘게」 진행자)

최철규 작가는 소문보다 내용이 있는 사람, 앞과 뒤가 한결같은 사람, 초심보다 나중이 더 순수한 사람입니다. 『만화로 읽는 천로역정』 작업이 시작되던 초창기부터 탈고에 이르기까지, 고통스러운 작업 과정을 가까이에서 지켜볼 수 있었던 것은 제 취재 인생의 몇 안 되는 자랑거리입니다. 이 작품이 특별한 이유는 단순히 그림이나 구성이 훌륭하기 때문만은 아닙니다. 작품 속 주인공의 모습을 몸소 삶으로 살아낸 작가의 집념과 불굴의 의지, 하나님에 대한 사랑이 작품 구석구석에 녹아 있기 때문이기도 합니다. 옳고 그름이 불분명해지는 시대입니다. 이 책을 통해 무엇이 옳은지, 크리스천의 삶은 어떠해야 하는지를 함께 나누기를 소망합니다. 더불어 하나님을 모르는 이들에게 이 책이 복음의 통로로 사용되기를 바랍니다.

_ 손동준 기자 (기독교연합신문)

들어가는 글

존 번연(John Bunyan)은 1628년 영국 베드퍼드 근방 엘스토우에서 가난한 땜장이의 아들로 태어나 문법 학교 정도의 교육만 받고, 가업을 이어받았습니다. 그는 비국교도파의 설교자로 명성을 얻었으나, 국교회의 박해로 1660년 불법 집회 및 설교의 혐의로 체포되어 12년간이나 감옥 생활을 했습니다. 1675년 그는 다시 투옥되는데, 이때 기독교 불후의 명작인 『천로역정』(天路歷程, The Pilgrim's Progress)을 집필하기 시작했습니다. 이 책은 1678년에 제1부, 1684년에 제2부가 출판된 이후 약 200년이 지난 1894년에 우리나라에서 처음으로 출판되었습니다. 『천로역정』의 한자어 '天路歷程'(하늘 천, 길 로, 지날 역, 길 정)의 뜻을 풀어 보면, 천국 가는 길에서 겪은 일들의 기록이라고 말할 수 있습니다.

어린 시절을 떠올리면, 병약하셨던 어머니가 가장 먼저 생각나고 그립습니다. 어머니의 머리맡에는 항상 두 권의 책이 있었습니다. 한 권은 성경책이었고, 다른 한 권은 『천로역정』이었습니다. 그 『천로역정』은 삽화가 들어간 책이었는데, 책 속에 등장한 '갑옷 입은 사람'은 어린 저의 마음을 사로잡았습니다. 그림을 좋아한 저는 초등학교에 들어가기 전부터 그 책 속의 삽화를 수없이 따라 그렸습니다. 무슨 책인지 모르고 읽었던 『천로역정』은 비유와 성경 말씀으로 뒤섞여 있어서, 어린 나이에 그 뜻을 이해하기에는 많은 어려움이 있었습니다. 어머니는 제가 중학교 1학년이었던 해에 허리 디스크 수술을 받으시고 얼마 지나지 않아 그렇게 가고 싶어 하시던 아버지 나라로 가셨습니다.

서른 살이 되었을 때, 작은형의 서재에서 우연히 그 책을 발견했습니다. 마치 어머니를 만난 듯 너무나도 반가운 마음이 들었습니다. 작은형은 그 책을 어머니의 손때 묻은 유품으로 생각하며 소중히 여겼습니다. 당시 저는 작은형에게 언젠가는 『천로역정』을 만화로 그리겠다고 말하던 터였는데, 작은형은 그 책을 보고 너무나도 좋아하는 제 모습을 보면서 "내가 갖는 것보다 네가 갖는 것이 맞는 것 같다."라고 말하며 그 책을 제게 주었습니다.

오래된 책이라 색도 바래고 제본 상태도 좋지 않아, 망가지지 않도록 한 장 한 장 조심스럽게 읽어 내려갔습니다. 어머니는 이 책을 통해 하늘에 소망을 더 두셨으리라 생각되었고, 어릴 적에는 이해되지 않았던 글들이 이해되기 시작했습니다. 그 후 여러 종류의

THE PILGRIM'S PROGRESS

『천로역정』을 사서 읽어 내려갔습니다. 『천로역정』에 감춰져 있는 비밀들이 이해되기 시작하자, 이 책을 꼭 만화로 그려 보고 싶다는 갈망이 제 안에서 격발되었습니다. 결혼 전부터 그 작업을 세 번이나 시도해 보았으나, 처음에는 그림 실력이 부족해서 진행하지 못했고, 두 번째에는 내용을 깊이 있게 풀어 쓰지 못해서 실패했습니다. 세 번째에는 물질이 없어서 실패했습니다. 그러나 여러 버전으로 번역된 『천로역정』을 읽을 때마다 제 마음에는 더 큰불이 일었고, 네 번째 도전 끝에 마침내 그 꿈이 현실로 이루어져 총 3권의 책으로 출간하게 되었습니다.

2. 3년 안에 끝날 줄 알았던 작업은 예상치 못한 많은 장애물로 인해 언 6년이라는 시간이 걸렸습니다. 『천로역정』을 많이 읽고 정리한 후 그림을 그리면 작업이 쉽게 완료될 줄 알았습니다. 그러나 하나님의 계획은 달랐습니다. 하나님은 6년이라는 긴 시간을 통해 『천로역정』 속 이야기들을 제 삶에서 경험하게 하셨고, 저를 하늘을 소망하는 순례자로 다듬어 가셨습니다. 제가 내 뜻을 내려놓고, 하나님의 뜻을 분별하여 그것을 좇도록 단련하신 중요한 시간이었던 것입니다. 하나님은 그렇게 저를 하나님의 자녀로 성숙해 가게 하셨습니다. 지난 그 고난의 시간을 돌아보면, 하나님이 저를 형통한 삶으로 인도해 주심에 감사한 마음이 들 뿐입니다.

지금으로부터 약 300여 년 전, 어두컴컴하고 음침한 지하 감옥에서 펜을 든 존 번연이 『천로역정』을 통해 독자들에게 무엇을 전달하고 싶었을지 그 마음을 헤아려 보았습니다. 존 번연은 믿음을 가지고 살아가는 모든 순례자가 안개같이 사라질 이 땅의 것들이 아닌, 영원한 나라 하늘에 소망을 두고 달려가기를 간절히 바라며 글을 써 내려갔을 것입니다. 그 마음이 고스란히 담기도록 원작의 내용을 충실하게 잘 전달하기 위해 노력했습니다.

특별히 『천로역정』은 이 땅을 살아가는 순례자들에게 '길'에 대하여 말하고 있습니다. 이 세상 사람들이 추구하는 '넓고 화려한 길'을 선택할 것인가? 아니면 주님이 우리에게 말씀하신 '좁은 길'을 걸을 것인가? 이 땅으로 여행 온 순례자는 주님이 부르시는 날까지, 믿음의 분량을 채울 때까지 좁은 길을 걸어가야 합니다. 그 길을 걸으려면 굳건한 믿음이 동반되어야 하며, 그 믿음이 온전해지기 위해서는 행함이 따라야 합니다. 믿음과 행함은 마치 동전의 양면과 같아서 행함 없는 믿음은 온전한 믿음이 될 수 없습니다. 반드시 행하는 믿음으로 천성에 이를 때까지 순례의 길에서 승리하며 앞으로 나아가야 할 것입니다.

이 책을 통해 신앙이 없거나, 신앙이 있을지라도 아직 세상에 대한 많은 미련으로 하늘에 소망을 두지 못한 분들이 더 나은 본향을 사모하게 되기를 바랍니다. 모든 분이 하나님이 준비하신 그 나라에 목적을 두고 순례의 길을 걸어가도록 격려하는 귀한 책이 되기를 소망합니다.

이 책이 출간되기까지 선한 길로 인도해 주신 하나님 아버지께 모든 영광을 올려 드립니다. 원고를 마칠 때까지 긴 시간을 기다려 준 출판사에도 깊이 감사드립니다. 그리고 저를 위해 기도해 주신 '더사랑의교회' 중보기도 팀과 SNS 친구분들께도 진심으로 감사드립니다. 마지막으로, 손을 다쳤을 때 걱정하며 기도해 주신 부모님과 형제들, 언제나 눈물로 기도해 준 아내, 사랑하는 딸 의인이에게 감사를 전합니다.

만화가 **최철규**

THE PILGRIM'S PROGRESS

일러두기

- 이 책에는 수많은 인물과 장소의 이름이 나옵니다. 이해를 돕기 위해 새로운 인물과 장소가 나올 때마다 해당 그림 외곽에 색을 넣어 구분했습니다.
- 본문의 성경 구절은 개역개정판을 따랐습니다.

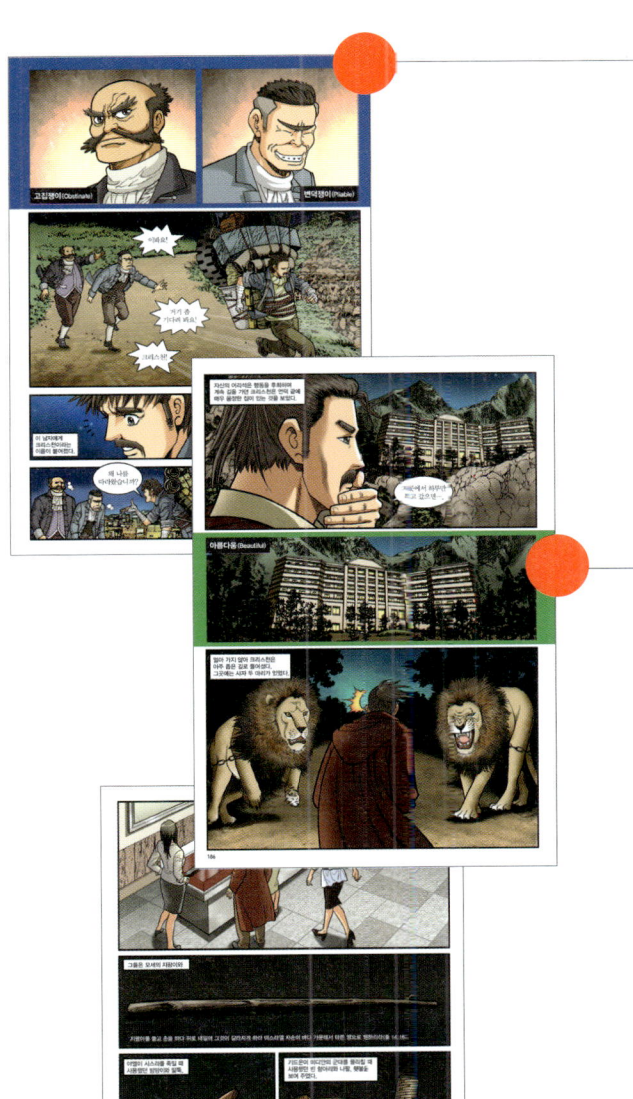

새로운 인물이 나올 때마다 파란색 테두리로 표시했습니다.

새로운 장소가 나올 때마다 초록색 테두리로 표시했습니다.

본문과 관련된 성경 구절을 삽입하여 몰입도를 높였습니다.

CONTENTS

『만화로 읽는 천로역정』 시리즈

❶권 ──── 1. 계시받은 자의 고뇌
2. 절망의 수렁
3. 좁은 문
4. 십자가 앞에서 짐을 벗다
5. 아름다운 집에서의 가르침

❷권 ──── 6. 아볼루온과의 결투
7. 사망의 음침한 골짜기
8. 억울한 재판
9. 순교

❸권 ──── 10. 절망 거인
11. 기쁨의 산
12. 순례자 무지를 만나다
13. 마법의 땅
14. 천성

③

추천의 글	6
들어가는 글	8
일러두기	11

10. 절망 거인	14
11. 기쁨의 산	58
12. 순례자 무지를 만나다	76
13. 마법의 땅	114
14. 천성	176

주는 내게서 사랑하는 자와 친구들 멀리 떠나게 하시며 내가 아는 자를 흑암에 두셨나이다(시 88:18).

엘리압의 아들은 느무엘과 다단과 아비람이라 이 다단과 아비람은 회중 가운데서 부름을 받은 자들이니 고라의 무리에 들어가서 모세와 아론을 거슬러 여호와께 반역할 때에 땅이 그 입을 벌려서 그 무리와 고라를 삼키매 그들이 죽었고 당시에 불이 이백오십 명을 삼켜 징표가 되게 하였으나 (민 26:9-10).

소돔 사람은 여호와 앞에 악하며 큰 죄인이었더라(창 13:13).

하나님의 강, 생명수의 강

땅을 돌보사 물을 대어 심히 윤택하게 하시며 하나님의 강에 물이 가득하게 하시고
이같이 땅을 예비하신 후에 그들에게 곡식을 주시나이다(시 65:9).
또 그가 수정같이 맑은 생명수의 강을 내게 보이니 하나님과 및 어린양의 보좌로부터 나와서 길 가운데로 흐르더라
강 좌우에 생명나무가 있어 열두 가지 열매를 맺되 달마다 그 열매를 맺고 그 나무 잎사귀들은 만국을 치료하기 위하여 있더라(계 22:1-2).

두 순례자는 즐거운 마음으로 강을 따라 걸었다.

형님, 이 물을 마셔 보세요. 지친 영혼에 생기를 주는 것 같아요.

그래.

정말로 힘이 나는군.

강둑에는 온갖 열매가 맺힌
푸른 나무들이 있었다.
열매는 맛있었고,
잎사귀는 약으로 사용되었다.

이렇게 맛있는 과일은 처음 먹어 봐요.

이 모든 것이 하나님의 은혜일세.

조금만 더 올라가면 틀림없이 평탄하고 좋은 길이 나올 테니 참고 가보세.

얼마 후 그들 앞에 길 왼쪽으로 초원이 나왔고, 초원으로 넘어 들어갈 수 있는 계단이 보였다.

그것 보게. 내가 뭐라고 했나!

샛길 초원(By-path Meadow)

이 초원이 우리가 가는 길과 나란히 뻗어 있다면, 이쪽으로 들어가 걸어가세.

처녀 이스라엘아 너의 이정표를 세우며 너의 푯말을 만들고 큰길 곧 네가 전에 가던 길을 마음에 두라 돌아오라 네 성읍들로 돌아오라 (렘 31:21).

그 성의 주인은 절망 거인이었다.
두 순례자는 지금 절망 거인의 땅에서 자고 있었다.

절망 거인 (Giant Despair)

어디서 온 놈들이 내 땅에 무단으로 들어와 잠까지 자는 것이냐?

화창한 날이면 거인은 때때로 발작을 일으켰는데, 때마침 그 순간 발작이 일어났다.

쿵

으으…. 내가 다시 올 때까지 어떻게 하는 것이 좋을지 잘 생각해 보아라.

이제 어떻게 하면 좋을까? 이렇게 비참하게 사느니 차라리 스스로 목숨을 끊는 것이 낫지 않을까?

이러므로 내 마음이 뼈를 깎는 고통을 겪느니 차라리 숨이 막히는 것과 죽는 것을 택하리이다 (욥 7:15).

두 순례자는 빵과 물을 먹지 못해 배가 주렸고, 매 맞은 상처 때문에 겨우 숨만 쉬고 있었다.

아니, 이놈들이 내 말을 무시했겠다!

이 세상에 태어난 것을 후회하도록 더 괴롭혀 주겠다.

이 말에 두 순례자는 몸을 떨었다.

다시 기회를 주겠다. 이 고통에서 벗어나고 싶다면 스스로 목숨을 끊어라.

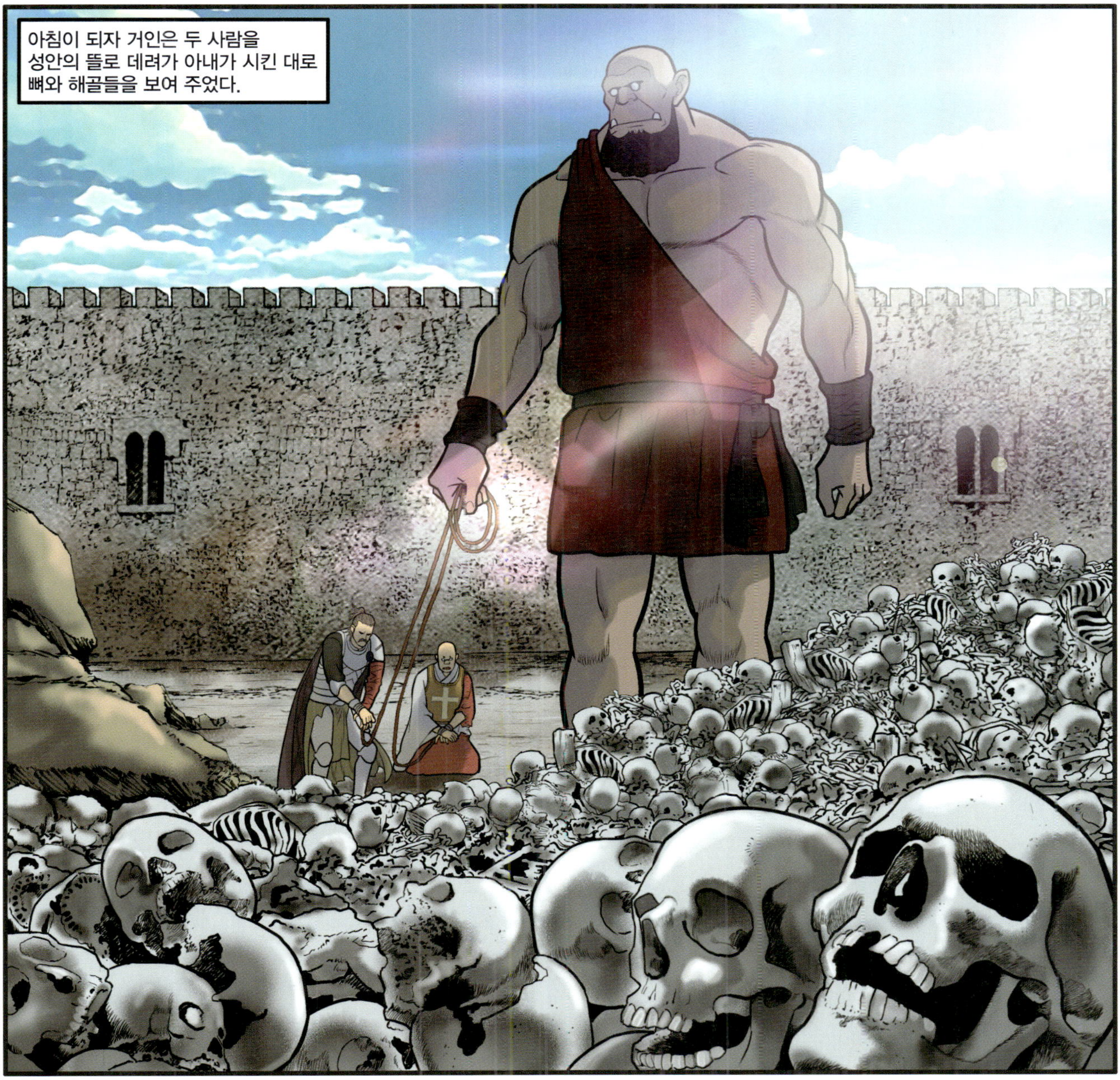

아침이 되자 거인은 두 사람을 성안의 뜰로 데려가 아내가 시킨 대로 뼈와 해골들을 보여 주었다.

"이 뼈들이 누구의 것인지 아느냐? 다 너희와 같은 순례자들의 것이다."

기둥 위에 다음과 같은 글을 새겨 넣었다.

이 계단을 올라가면 절망 거인이 지키는 의심의 성으로 가게 됩니다. 그는 하나님을 멸시하고, 순례자들을 잔인하게 죽이는 자입니다.

이 글을 읽고 뒤따라오던 많은 순례자가 위험을 피할 수 있었다.

**THE PILGRIM'S
PROGRESS**

계속 길을 걸어가던 크리스천과 소망은 기쁨의 산에 이르렀다.

기쁨의 산(Delectable Mountains)

그 산은 전에 언급했던 언덕 주인의 소유였다. 거기에는 정원과 과수원, 포도원, 샘물이 있었다.

두 사람은 마음껏 물을 마시고, 몸을 씻고, 열매를 따 먹었다.

"지하 감옥에 갇혀 물 한 모금도 못 마셨는데 과일을 먹으니 살 것 같네요."

"다 하나님의 은혜일세."

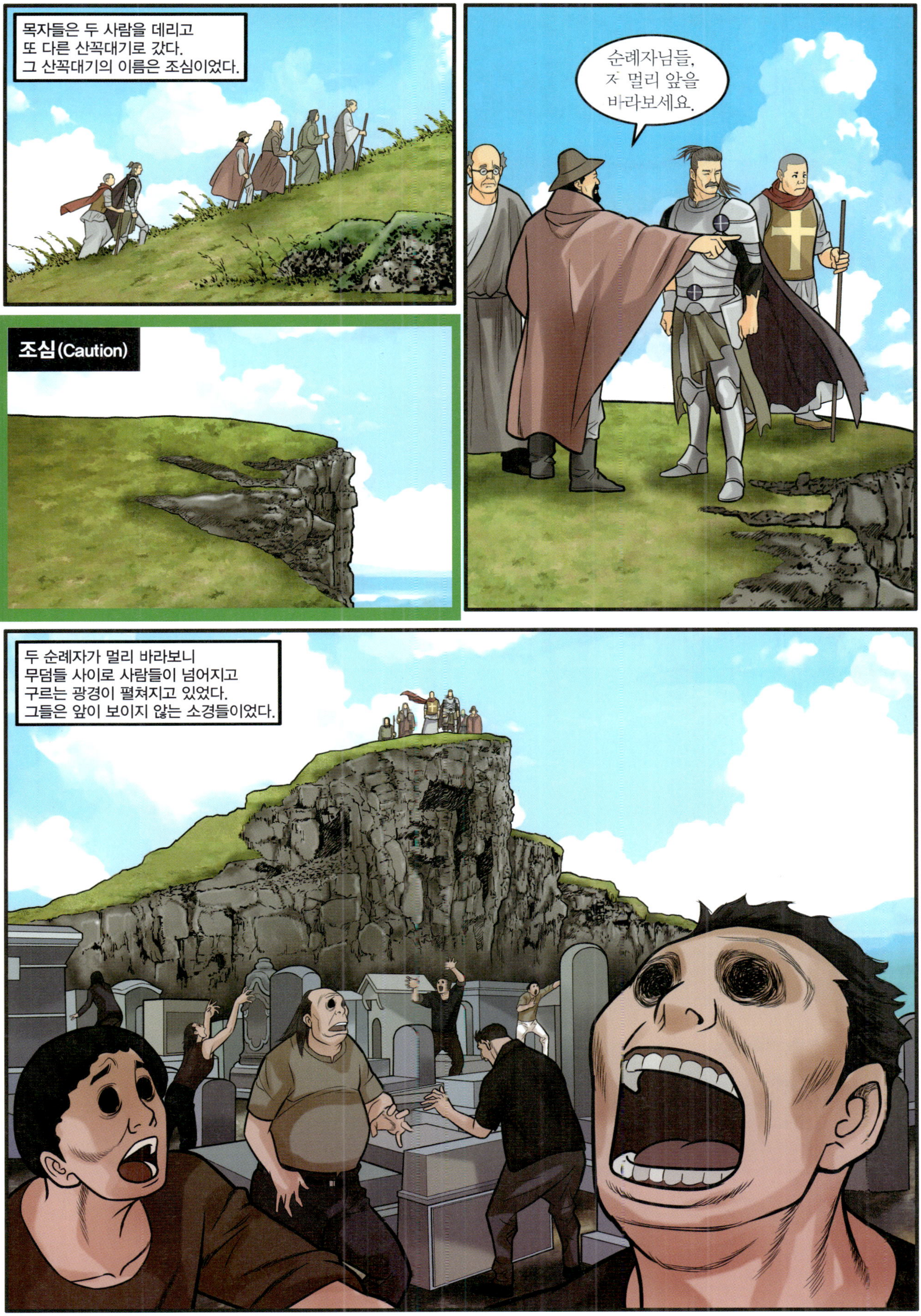

목자들은 두 사람을 데리고
또 다른 산꼭대기로 갔다.
그 산꼭대기의 이름은 조심이었다.

순례자님들,
저 멀리 앞을
바라보세요.

조심(Caution)

두 순례자가 멀리 바라보니
무덤들 사이로 사람들이 넘어지고
구르는 광경이 펼쳐지고 있었다.
그들은 앞이 보이지 않는 소경들이었다.

THE PILGRIM'S PROGRESS

나는 크리스천과 소망이 천성으로 가는 길을 따라 산을 내려가는 것을 보았다.

산 아래쪽 왼편으로 자만이라는 마을이 있었다.

자만(Conceit)

그 마을에서부터 순례자들이 걷고 있는 길에는 꼬불꼬불한 좁은 길이 나 있었다.

순례자들은 그 좁은 길에서 활발한 한 아이를 마주쳤다. 그 아이의 이름은 무지였다.

무지(Ignorance)

애야, 너는 어디서 왔니? 그리고 어디로 가는 길이지?

저는 자만이라는 마을에서 태어났으며, 천성의 도시로 가는 중이에요.

그들은 그곳에서 일곱 귀신이 누군가를 일곱 가닥의 줄로 묶어서, 그들이 전에 산비탈에서 보았던 지옥으로 빠지는 문으로 끌고 가는 것을 보았다.

순례자들은 부들부들 떨기 시작했다.

크리스천은 귀신에게 끌려가는 사람이 누구인지 알아보려고 그를 유심히 쳐다보았다.

이에 가서 저보다 더 악한 귀신 일곱을 데리고 들어가서 거하니 그 사람의 나중 형편이 전보다 더욱 심하게 되느니라 이 악한 세대가 또한 이렇게 되리라(마 12:45).
악인은 자기의 악에 걸리며 그 죄의 줄에 매이나니(잠 5:22).

크리스천은 그 사람이 아마도 배교 마을의

배교 마을(Apostasy)

근신하라 깨어라 너희 대적 마귀가 우는 사자같이 두루 다니며 삼킬 자를 찾나니 (벧전 5:8).

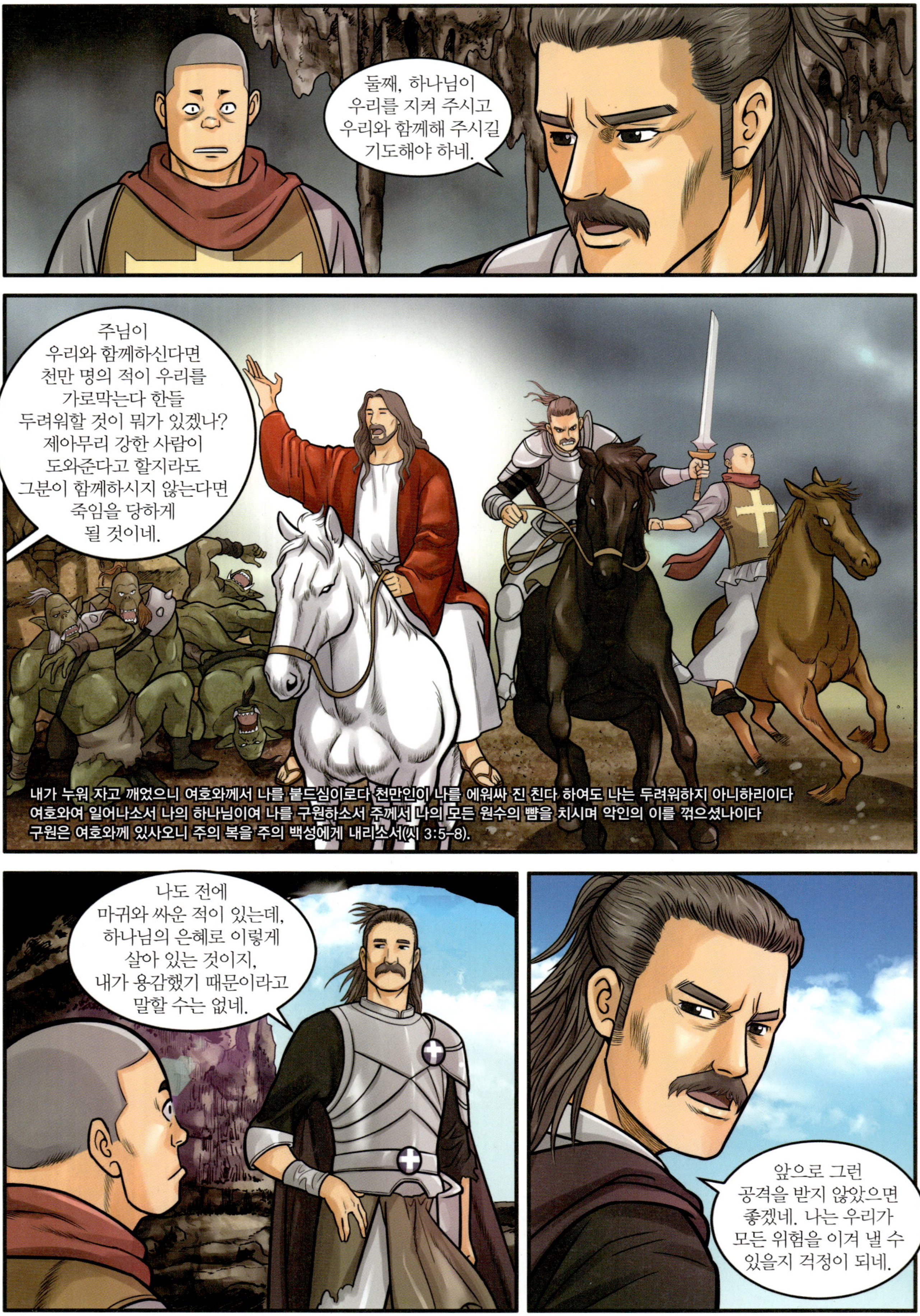

"그럼 나를 따라오십시오. 나도 거기로 가는 중입니다."

순례자들은 그를 따라 옆길로 들어섰다.

"그래요."

"형님, 천성과 점점 멀어지는 것 같아요."

그 길은 갈수록 점점 꼬부라져 그들이 가고자 하는 곳으로부터 멀어지게 했다. 그렇게 얼마를 가자 그들은 결국 천성을 등지게 되었다.

"나도 그렇게 느끼고 있었는데, 앞서가는 분께 물어보자고."

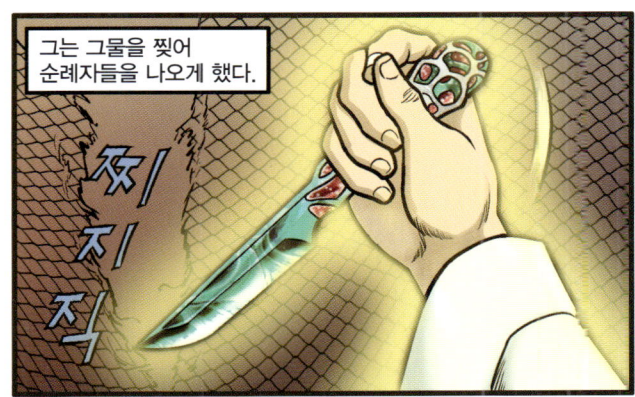

형제들아 내가 너희를 권하노니 너희가 배운 교훈을 거슬러 분쟁을 일으키거나 거치게 하는 자들을 살피고 그들에게서 떠나라 이 같은 자들은 우리 주 그리스도를 섬기지 아니하고 다만 자기들의 배만 섬기나니 교활한 말과 아첨하는 말로 순진한 자들의 마음을 미혹하느니라 (롬 16:17-18).

순례자들이 엎드리자 그는 그들이 가야 할 바른길을 가르쳐 주기 위해서 채찍으로 세게 때렸다.

만일 그들이 주께 범죄함으로 말미암아 하늘이 닫히고 비가 내리지 않는 주의 벌을 받을 때에 이곳을 향하여 빌며 주의 이름을 인정하고 그들의 죄에서 떠나거든 주께서는 하늘에서 들으사 주의 종들과 주의 백성 이스라엘의 죄를 사하시고 그 마땅히 행할 선한 길을 가르쳐 주시오며 주의 백성에게 기업으로 주신 주의 땅에 비를 내리시옵소서 (대하 6:26-27).

"무릇 내가 사랑하는 자를 책망하여 징계하노니 그러므로 네가 열심을 내라 회개하라"(계 3:19).

이 말을 하고 나서 그는 순례자들을 떠나보내며 목자들이 알려 준 것들을 잘 기억하라고 일러 주었다.

우리를 바른길로 인도해 주시고 깨우쳐 주셔서 감사합니다.

두 순례자는 언덕길을 내려서자 무신론자라는 사람이 걸어오는 것을 보았다.

무신론자(Atheist)

THE PILGRIM'S
PROGRESS

13 마법의 땅

그러므로 우리는 다른 이들과 같이 자지 말고 오직 깨어 정신을 차릴지라 (살전 5:6).

너희가 그때에 무슨 열매를 얻었느냐 이제는 너희가 그 일을 부끄러워하나니 이는 그 마지막이 사망임이라 그러나 이제는 너희가 죄로부터 해방되고 하나님께 종이 되어 거룩함에 이르는 열매를 맺었으니 그 마지막은 영생이라 죄의 삯은 사망이요 하나님의 은사는 그리스도 예수 우리 주 안에 있는 영생이니라 (롬 6:21-23).

누구든지 헛된 말로 너희를 속이지 못하게 하라 이로 말미암아 하나님의 진노가 불순종의 아들들에게 임하나니 (엡 5:6).

명령받은 것을
다 수행하고 나서
그저 무익한 종이라고
말하라는 말씀을
들을 때마다 그랬어요.

무익한 종입니다.

이와 같이 너희도 명령받은 것을 다 행한 후에 이르기를 우리는 무익한 종이라 우리가 하여야 할 일을 한 것뿐이라 할지니라(눅 17:10).

그리고 저는 이렇게
생각하기 시작했어요.
내 모든 의로움이 더러운 옷과
같다면, 율법의 행위로 아무도
의롭다 함을 받을 수 없다면,
모든 일을 다 하고도 무익하다면,
율법으로써 천국에 들어간다고
생각하는 것은
바보짓이라고 말이에요.

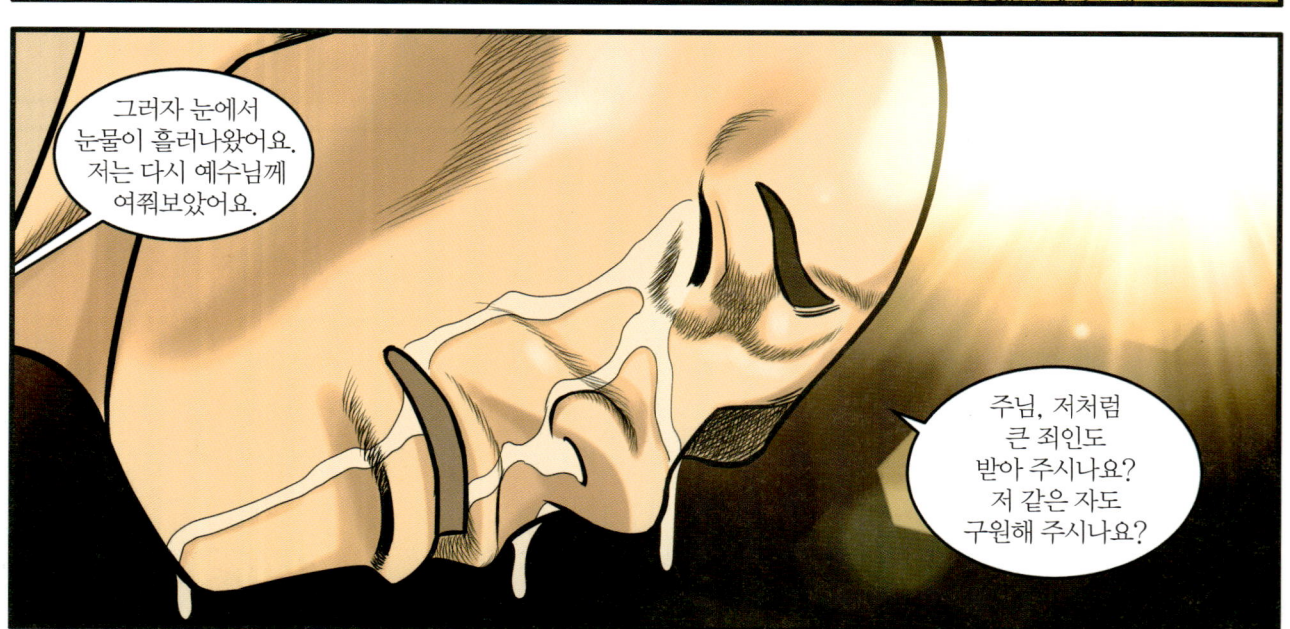

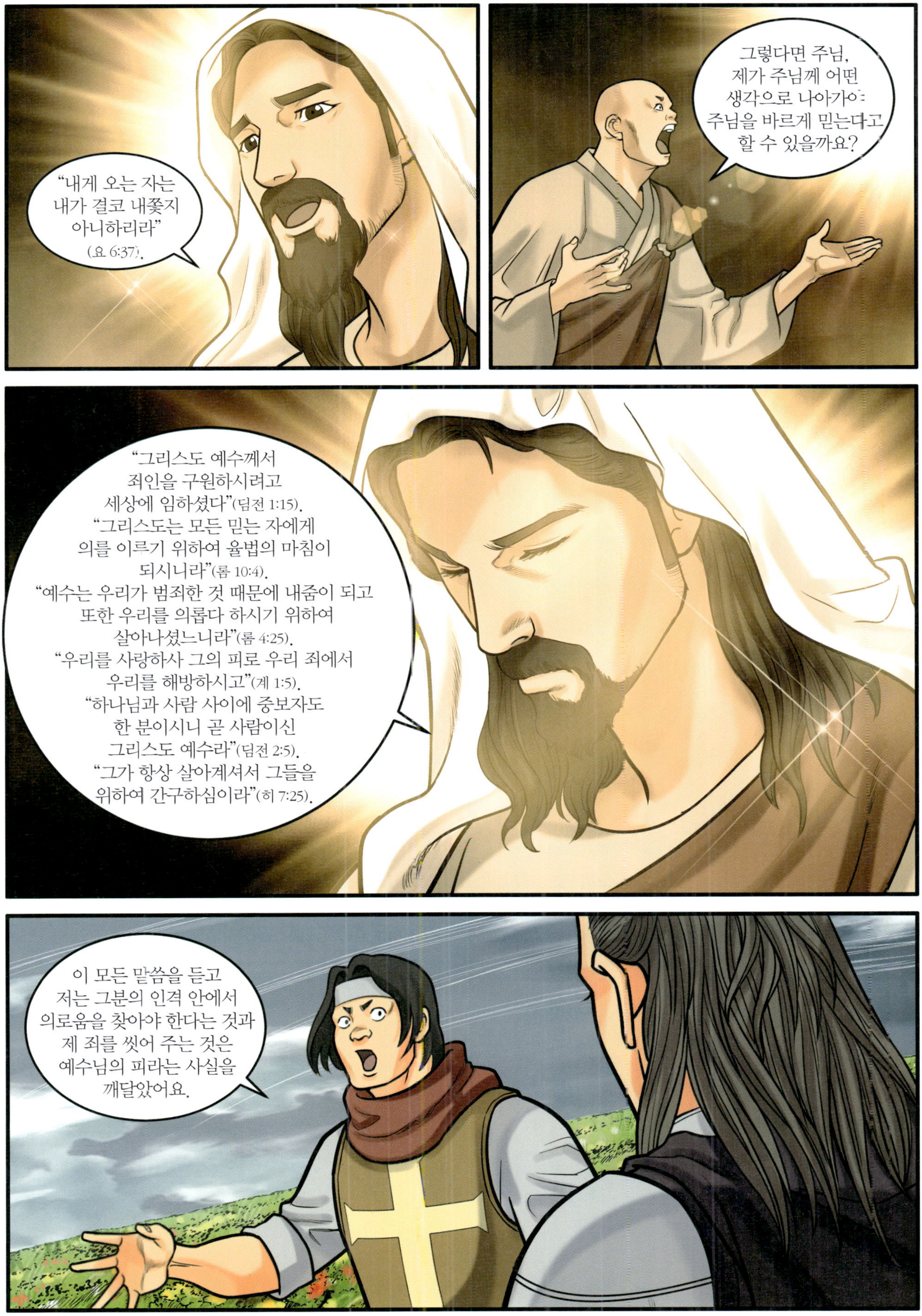

게으른 자는 마음으로 원하여도 얻지 못하나 부지런한 자의 마음은 풍족함을 얻느니라(잠 13:4).

하나님은 우리의 마음을 잘 알고 계시지. 우리 마음 깊은 곳에 있는 것도 그분 앞에서는 모두 공개되어 있다고 생각한다면, 그것은 하나님을 올바르게 생각하는 것이란다.

또 우리의 의가 하나님 앞에는 악취에 불과할 뿐이며 우리가 아무리 올바르게 산다고 해도 그분 앞에 떳떳이 설 수 없다고 생각한다면, 그것 역시 하나님을 올바르게 생각하는 것이란다.

아저씨는 저를 완전히 바보 취급하시네요. 제가 하나님을 저보다 멀리 보실 수 없는 분이라고 생각하는 것 같으세요?

제가 최선의 행위로 하나님께 나아가려는 사람으로 보이세요?

저는 그 모든 것을 믿고 있어요.

어떻게 믿는다는 말이지?

저는 그리스도께서 죄인을 위해 돌아가셨다는 것을 믿어요. 또한 제가 그분의 법을 지키면 은혜로 저를 받아 주셔서 하나님 앞에서 저주받지 않고 의롭다 함을 얻게 된다고 믿어요.

다시 말해, 그리스도께서 자신의 공로로 저의 종교적인 행실들을 하나님께 받아들여질 수 있게 하시어 제가 의롭게 여겨지게 된다는 것을 믿어요.

너의 신앙 고백에 대해 몇 가지 대답을 해주겠다. 첫째, 너는 환상적 믿음을 가지고 있다. 그런 믿음은 하나님의 말씀 어디에도 없다.

둘째, 너는 잘못된 믿음을 가지고 있다. 왜냐하면 너는 그리스도의 의로움을 취해 그것을 아무 근거 없이 자기 자신에게 적용하고 있기 때문이다.

이씨?!

셋째, 너는 그리스도를 너의 인격이 아니라 너의 행위를 의롭다 하시는 분으로 믿고 있다. 인격이 아닌 너의 행위를 의롭게 한다는 것은 잘못된 것이다.

넷째, 따라서 그런 믿음은 거짓된 믿음으로 전능하신 하나님 앞에서 진노를 면하기 어려울 것이다. 의롭게 하는 진정한 믿음은 영혼이 그리스도의 의 아래로 피하게 하는 것이다.

그리스도의 의란 하나님이 네 순종을 받아들이셔서 의롭다고 인정해 주시는 은혜가 아니라, 우리에게 요구되는 바를 그리스도께서 우리를 위해 대신 행하심으로써 율법에 순종하신 것을 말한다. 이런 의를 받아들이는 것이 진정한 믿음인 것이다.

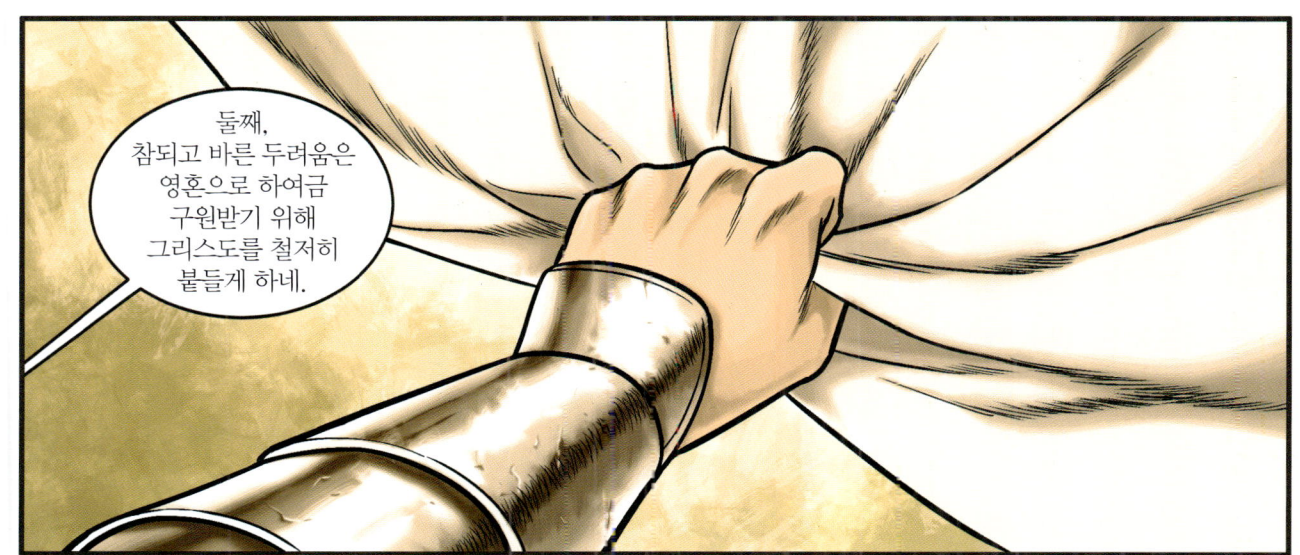

THE PILGRIM'S PROGRESS

나는 꿈속에서 순례자들이 마법의 땅을 벗어나 뿔라(Beulah) 땅으로 들어가는 것을 보았다.

다시는 너를 버림받은 자라 부르지 아니하며 다시는 네 땅을 황무지라 부르지 아니하고 오직 너를 헵시바라 하며 네 땅을 뿔라(쀼ㄹ라)라 하리니 이는 여호와께서 너를 기뻐하실 것이며 네 땅이 결혼한 것처럼 될 것임이라 (사 62:4).

그곳의 공기는 매우 맑고 상쾌했으며, 가야 할 길이 그곳을 곧장 지나고 있었다. 두 순례자는 그곳에서 피로를 풀며 잠시 휴식을 취했다.

두 사람은 그곳에서 새들의 노랫소리를 끊임없이 들었고, 매일 땅 위에 가득 핀 꽃들을 볼 수 있었다.

이 땅에서는 밤낮으로 태양이 비추었다.

이곳은 사망의 음침한 골짜기에서 멀리 떨어져 있고 절망 거인이 이를 수 없는 곳일 뿐 아니라 의심의 성도 보이지 않았다.

여기서 두 순례자는 자신들이 가고자 하는 천성을 볼 수 있었다.

그리고 천성에 사는 사람들도 몇 명 만났다. 이 땅은 천성의 경계선에 있어서 빛나는 사람들이 자주 걸어 다녔던 것이다.

거룩한 백성이여, 주님의 이름으로 환영합니다.

또한 이 땅에서는 신랑과 신부의 언약이 다시 맺어졌다. 마치 신랑이 신부를 보고 기뻐하듯이 그들의 하나님도 기뻐하시는 곳이었다.

마치 청년이 처녀와 결혼함같이 네 아들들이 너를 취하겠고 신랑이 신부를 기뻐함같이 네 하나님이 너를 기뻐하시리라 (사 62:5).

이곳에는 먹을 것과 마실 것이 부족함이 없었다. 그들이 순례의 길에서 구했던 모든 것이 풍족하게 있었다.

여기서 순례자들은 천성에서 나는 큰 소리를 들었다.

너희는 딸 시온에게 이르라 보라 네 구원이 이르렀느니라 보라 상급이 그에게 있고 보응이 그 앞에 있느니라 (사 62:11).

그들은 이 땅을 걸어가면서 천성이 가까워질수록 더 큰 기쁨을 느꼈다.

천성에 가까워지자 그들은 천성의 모습을 더욱 자세히 볼 수 있었다.

천성은 진주와 보석으로 지어져 있었으며, 길은 금으로 덮여 있었다.

그 성곽은 벽옥으로 쌓였고 그 성은 정금인데 맑은 유리 같더라 (계 21:18)

나는 두 순례자와 성문 사이에 강이 있는 것을 보았다.

그곳에는 건너갈 다리가 없었으며, 물은 매우 깊었다.

이 강을 본 순례자들은 크게 당황했다.

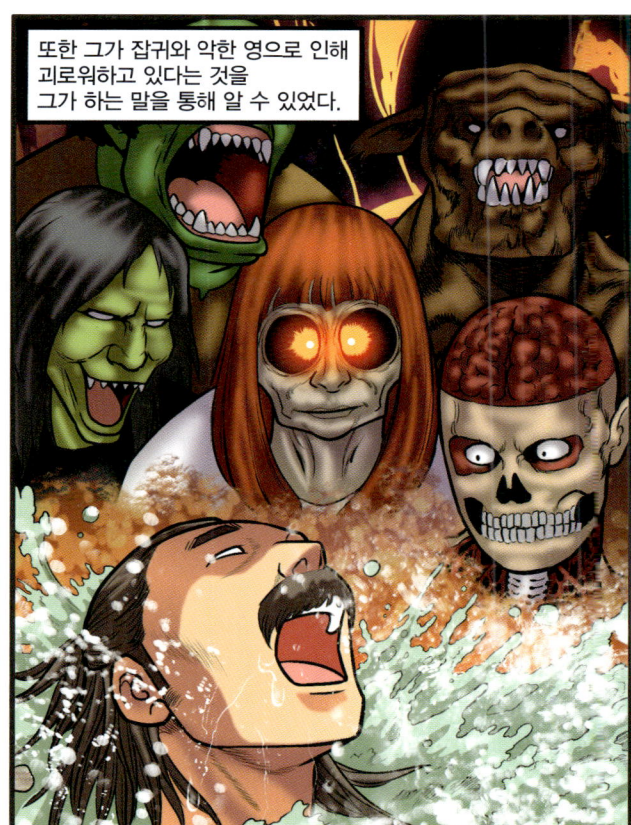

소망, 내가 올바르게 행했다면 지금쯤 주님이 나를 도와주셨을 것이네. 그러나 내 죄 때문에 그분은 나를 함정 가운데 두시고 나를 버리셨네.

형님, 악한 자들에 대한 성경 말씀을 잊으셨어요? "그들은 죽을 때에도 고통이 없고 그 힘이 강건하며 사람들이 당하는 고난이 그들에게는 없고 사람들이 당하는 재앙도 그들에게는 없나니"(시 73:4-5).

지금 물속에서 이렇게 고통받는 이유는 하나님이 형님을 버리셨기 때문이 아니라, 지금까지 받은 주의 은혜를 기억하고 있는지, 시련 속에서도 주님을 의지하는지 시험하기 위해서예요.

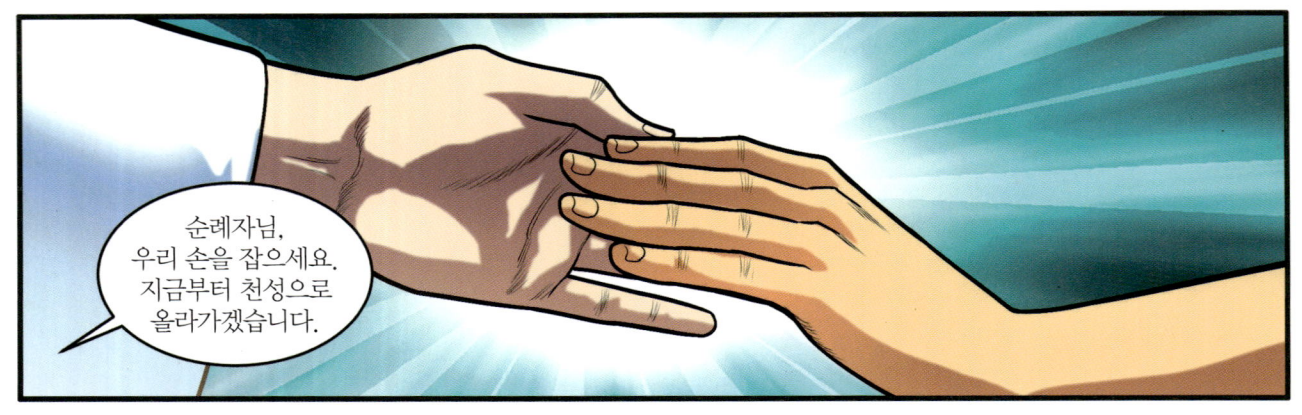

또한 당신들이 뿌렸던 것들, 즉 하나님을 위해 흘린 눈물과 고통과 당신들의 기도에 대한 열매를 거둘 것입니다.

당신들은 그곳에서 황금 면류관을 쓰고 거룩하신 분의 모습을 항상 보는 즐거움을 누리게 될 것입니다.

스스로 속이지 말라 하나님은 업신여김을 받지 아니하시나니 사람이 무엇으로 심든지 그대로 거두리라 자기의 육체를 위하여 심는 자는 육체로부터 썩어질 것을 거두고 성령을 위하여 심는 자는 성령으로부터 영생을 거두리라 (갈 6:7-8).

사랑하는 자들아 우리가 지금은 하나님의 자녀라 장래에 어떻게 될지는 아직 나타나지 아니하였으나 그가 나타나시면 우리가 그와 같을 줄을 아는 것은 그의 참모습 그대로 볼 것이기 때문이니 (요일 3:2).

또한 세상에서 당신들은 그분을 잘 섬기고 싶었으나 육신의 연약함 때문에 어려움을 많이 겪었지만, 그곳에서 당신들은 그분을 영원히 찬양과 감사로 섬기게 될 것입니다.

형제들아 자는 자들에 관하여는 너희가 알지 못함을 우리가 원하지 아니하노니 이는 소망 없는 다른 이와 같이 슬퍼하지 않게 하려 함이라
우리가 예수께서 죽으셨다가 다시 살아나심을 믿을진대 이와 같이 예수 안에서 자는 자들도 하나님이 그와 함께 데리고 오시리라
우리가 주의 말씀으로 너희에게 이것을 말하노니 주께서 강림하실 때까지 우리 살아 남아 있는 자도 자는 자보다 결코 앞서지 못하리라
주께서 호령과 천사장의 소리와 하나님의 나팔 소리로 친히 하늘로부터 강림하시리니 그리스도 안에서 죽은 자들이 먼저 일어나고
그 후에 우리 살아 남은 자들도 그들과 함께 구름 속으로 끌어 올려 공중에서 주를 영접하게 하시리니
그리하여 우리가 항상 주와 함께 있으리라(살전 4:13-17).

이때 나팔수들이 순례자들을 맞으러 나왔다. 나팔수들은 크리스천과 소망을 환영하며 하늘나라가 울리도록 아름답게 나팔을 불었다.

뿌우-
뿌우-

두 순례자는 아직 천성에 이르지 않았지만 천사들에 둘러싸여 마치 천성에 있는 듯했다.

여기서 그들은 천성의 모습을 보았고, 그곳에서 그들을 환영하기 위해 울리는 종소리를 들었다.

땡 땡-

그러나 그들은 무엇보다도 좋은 사람들과 함께 영원히 그곳에서 살게 될 생각에 감격했다.

마침내 순례자들은
천성 문 앞에 이르렀다.

순례자님,
천국 문을
두드리세요.

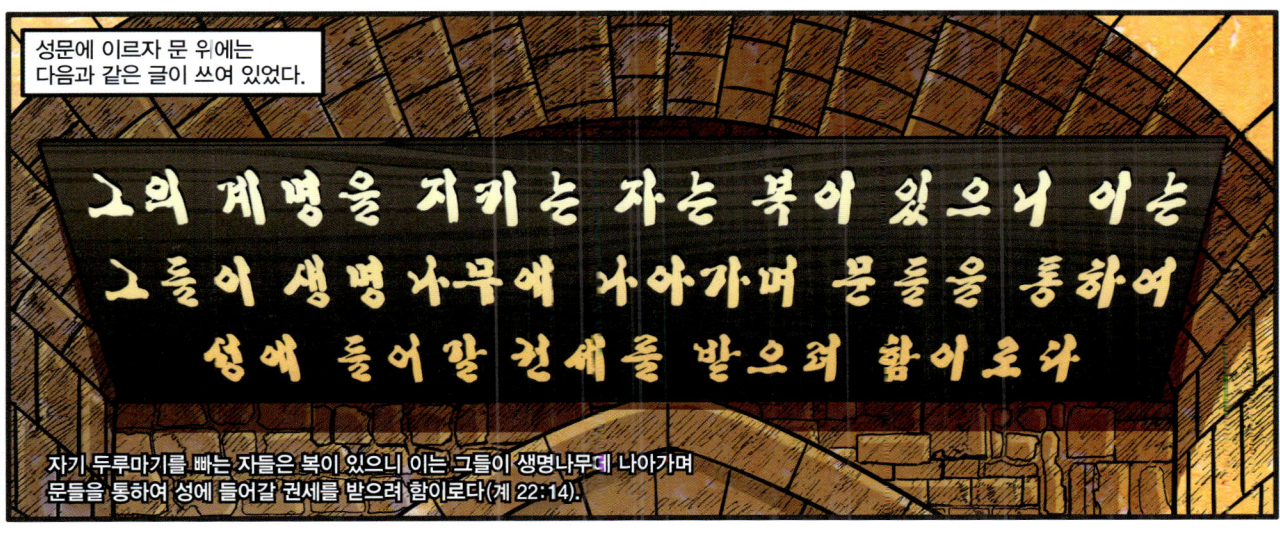

성문에 이르자 문 위에는
다음과 같은 글이 쓰여 있었다.

그의 계명을 지키는 자들은 복이 있으니 이는
그들이 생명나무에 나아가며 문들을 통하여
성에 들어갈 권세를 받으려 함이로다

자기 두루마기를 빠는 자들은 복이 있으니 이는 그들이 생명나무에 나아가며
문들을 통하여 성에 들어갈 권세를 받으려 함이로다(계 22:14).

순례자들이 문 앞에서 소리쳐 부르자
문 위에서 에녹, 모세, 엘리야와 같은
사람들이 내다보았다.

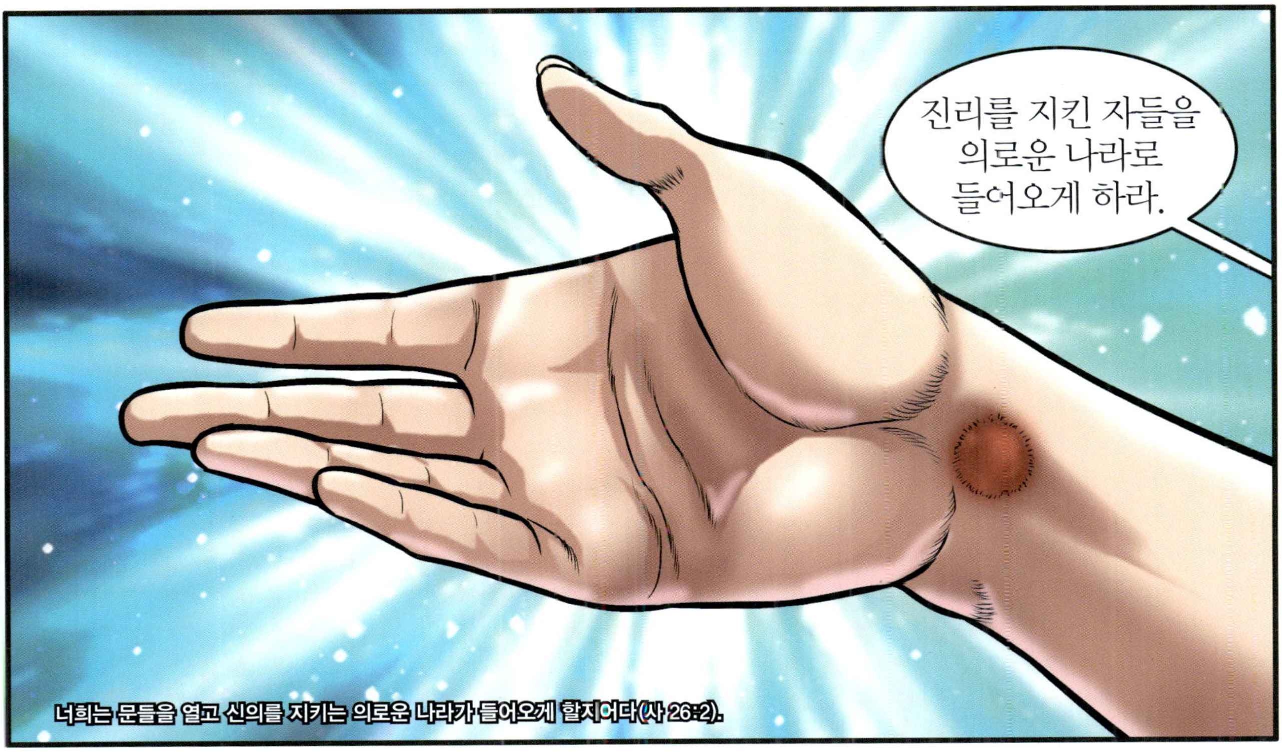

그때 나는 천성의 모든 종이 다시 기쁨의 종소리를 울리는 것을 들었다.

땡 땡-

네 주인의 즐거움에 참여할지어다.

그 주인이 이르되 잘하였도다 착하고 충성된 종아 네가 적은 일에 충성하였으매 내가 많은 것을 네게 맡기리니 네 주인의 즐거움에 참여할지어다 하고(마 25:23).

보좌에 앉으신 분과 어린양에게 찬송과 존귀와 영광과 권능이 길이길이 함께하기를 바랍니다.

내가 또 들으니 하늘 위에와 땅 위에와 땅 아래와 바다 위에와 또 그 가운데 모든 피조물이 이르되 보좌에 앉으신 이와 어린양에게 찬송과 존귀와 영광과 권능을 세세토록 돌릴지어다 하니(계 5:13).

무지는 아무 말도 하지 못했다.

그들은 왕에게 이 사실을 전했다.

뭐라? 내가 그를 도무지 알지 못하니 불법을 저지른 그자의 손발을 묶어 쫓아 버려라.

그때에 내가 그들에게 밝히 말하되 내가 너희를 도무지 알지 못하니 불법을 행하는 자들아 내게서 떠나가라 하리라(마 7:23).

왕은 천사들에게 나가서 무지를 붙들어 손발을 묶고 쫓아 버리라는 명령을 내리셨다.

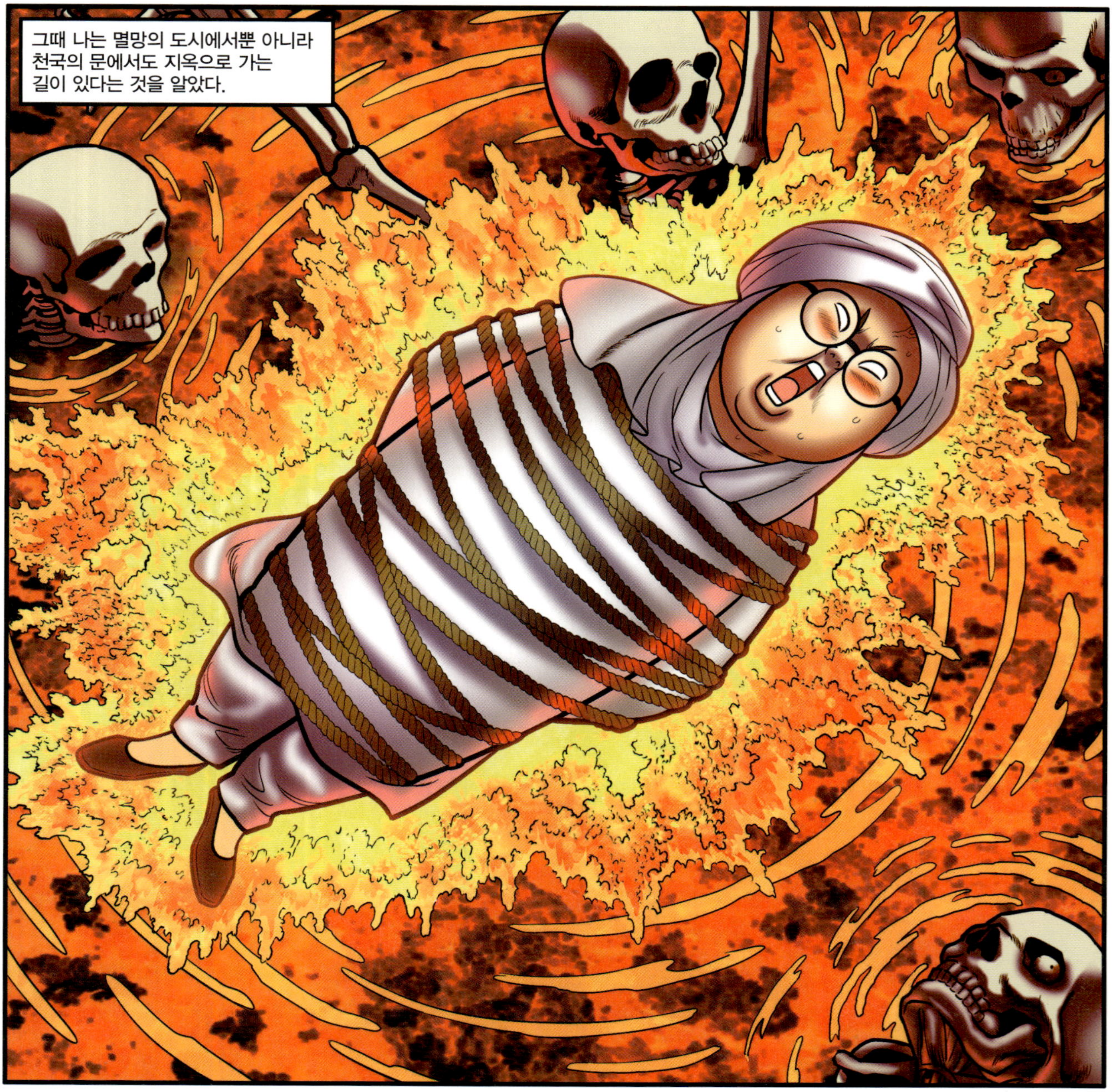

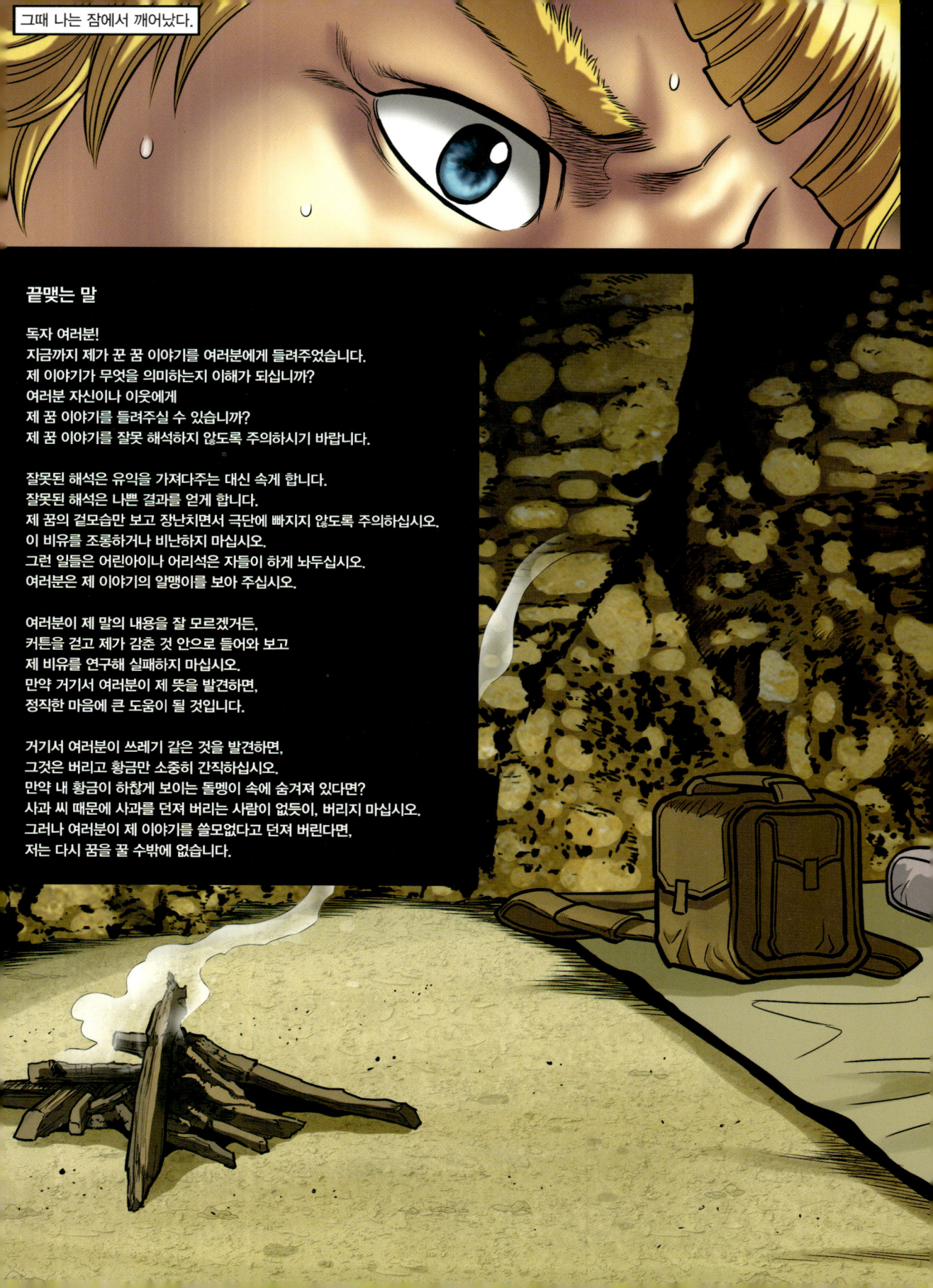

그때 나는 잠에서 깨어났다.

끝맺는 말

독자 여러분!
지금까지 제가 꾼 꿈 이야기를 여러분에게 들려주었습니다.
제 이야기가 무엇을 의미하는지 이해가 되십니까?
여러분 자신이나 이웃에게
제 꿈 이야기를 들려주실 수 있습니까?
제 꿈 이야기를 잘못 해석하지 않도록 주의하시기 바랍니다.

잘못된 해석은 유익을 가져다주는 대신 속게 합니다.
잘못된 해석은 나쁜 결과를 얻게 합니다.
제 꿈의 겉모습만 보고 장난치면서 극단에 빠지지 않도록 주의하십시오.
이 비유를 조롱하거나 비난하지 마십시오.
그런 일들은 어린아이나 어리석은 자들이 하게 놔두십시오.
여러분은 제 이야기의 알맹이를 보아 주십시오.

여러분이 제 말의 내용을 잘 모르겠거든,
커튼을 걷고 제가 감춘 것 안으로 들어와 보고
제 비유를 연구해 실패하지 마십시오.
만약 거기서 여러분이 제 뜻을 발견하면,
정직한 마음에 큰 도움이 될 것입니다.

거기서 여러분이 쓰레기 같은 것을 발견하면,
그것은 버리고 황금만 소중히 간직하십시오.
만약 내 황금이 하찮게 보이는 돌멩이 속에 숨겨져 있다면?
사과 씨 때문에 사과를 던져 버리는 사람이 없듯이, 버리지 마십시오.
그러나 여러분이 제 이야기를 쓸모없다고 던져 버린다면,
저는 다시 꿈을 꿀 수밖에 없습니다.

THE PILGRIM'S
PROGRESS

사명선언문

너희가 흠이 없고 순전하여……세상에서 그들 가운데 빛들로
나타내며 생명의 말씀을 밝혀 _ 빌 2:15-16

1. 생명을 담겠습니다
만드는 책에 주님 주신 생명을 담겠습니다.
그 책으로 복음을 선포하겠습니다.

2. 말씀을 밝히겠습니다
생명의 근본은 말씀입니다.
말씀을 밝혀 성도와 교회의 성장을 돕겠습니다.

3. 빛이 되겠습니다
시대와 영혼의 어두움을 밝혀 주님 앞으로 이끄는
빛이 되는 책을 만들겠습니다.

4. 순전히 행하겠습니다
책을 만들고 전하는 일과 경영하는 일에 부끄러움이 없는
정직함으로 행하겠습니다.

5. 끝까지 전파하겠습니다
모든 사람에게, 땅 끝까지, 주님 오시는 그날까지
복음을 전하는 사명을 다하겠습니다.

서점 안내

광화문점 서울시 종로구 새문안로 69 구세군회관 1층
02)737-2288 / 02)737-4623(F)

강남점 서울시 서초구 신반포로 177 반포쇼핑타운 3동 2층
02)595-1211 / 02)595-3549(F)

구로점 서울시 동작구 시흥대로 602, 3층 302호
02)858-8744 / 02)838-0653(F)

노원점 서울시 노원구 동일로 1366 삼봉빌딩 지하 1층
02)938-7979 / 02)3391-6169(F)

일산점 경기도 고양시 일산서구 중앙로 1391 레이크타운 지하 1층
031)916-8787 / 031)916-8788(F)

의정부점 경기도 의정부시 청사로47번길 12 성산타워 3층
031)845-0600 / 031)852-6930(F)

인터넷서점 www.lifebook.co.kr